École du Louvre.
Année 1909-1910.

Cours de Mr Pottier
Du 16 Avril.

En vous présentant la dernière fois les deux coupes à fond blanc du Musée du Louvre, je vous disais que l'esthétique de ce nouveau groupe incline vers des principes assez différents de ceux du groupe d'Euphronios, avec des formes un peu plus modernes peut-être, mais aussi avec une certaine pointe de préciosité; j'ai articulé le mot même de décadence dans la façon de comprendre le sujet et d'exécuter les personnages. En effet, je crois que nous entrons dans la seconde moitié du 5e siècle et que nous voyons poindre une transformation qui va s'accentuer de plus en plus dans le cours du 4e siècle surtout: la la prépondérance, la prédominance des formes métallurgiques. Les potiers trouvent plus simple et plus facile de copier des formes de métal, des formes que leur présente une industrie supérieure, l'orfèvrerie, et dans ces coupes à rebords si minces, dans cette matière si légère qu'on appelle le vase en coquille d'œuf, avec ces anses si ténues et si élancées, on reconnait des formes qui sont solides dans le métal, mais qui semblent un défi jeté à la fragilité de la terre cuite. Il y a donc là un changement, non seulement dans le style, dans le caractère des œuvres, mais aussi dans l'exécution matérielle des vases.

Nous en avons du reste une autre preuve par d'autres spécimens de la même trouvaille, dans d'autres vases qui ont également fait partie autrefois de la collection de Mr Van Branteghem. J'ai placé au tableau une série de photographies dans lesquelles vous avez pu voir, non seulement des reproductions de ces vases peints, mais d'autres vases qui ne sont décorés d'aucun personnage, et je retrouve encore là la preuve du fait que j'ai avancé si souvent: Les artistes grecs, à toutes les époques se sont préoccupés des formes peut-être encore plus que de la décoration peinte.

Dans cette trouvaille de la nécropole d'Erétrie, on remarque des vases qui sont façonnés d'après des modèles de métal, une phiale à omphalos, avec une saillie dans l'intérieur du vase et c'est aussi une forme qui va se développer beaucoup dans le courant du 4e et du 3e siècles; une forme de jatte profonde, de bol, qu'en grec on appelle "mastos" c'est à dire sein de femme. Nous avons aussi une sorte d'écuelle dont l'intérieur est orné d'un emblème, d'un ornement en relief, fait d'une cigale en relief posée dans l'intérieur du vase, ce qui rappelle l'animal si populaire en Orient et surtout en Attique, ces cigales qui vous étourdissent de leur chant aux heures de midi, et aussi certains ornements de métal qui faisaient partie du costume et de la toilette des Athéniens de cette époque. Un texte de Thucydide nous rappelle que les vieillards vêtus à la mode ancienne et portant leurs cheveux longs passaient dans le chignon de leurs cheveux noués une grande épingle ornée d'une cigale d'or.

Nous saisissons donc très bien, par tous ces détails l'interprétation et limitation en céramique des formes métalliques. Quelques uns de ces vases portent la signature de l'artiste: Sotadès. Par conséquent, nous sommes amenés à rapprocher du groupe de Sotadès et à placer dans son atelier, ou dans des ateliers contemporains, les vases de cette catégorie. Il est possible que les coupes du Louvre, quoique n'étant pas signées, appartiennent à cet atelier; cependant il y a différents noms d'artistes, et nous ne devons pas penser que tous ces vases appartiennent à une seule et même fabrique.

Projection. — Je vous ai fait remarquer que dans la Coupe du Musée du Louvre, le style du personnage, la Muse assise, incline vers une esthétique qui sera plutôt celle du 4e en sculpture. Je vous ai fait remarquer la façon très-particulière dont est faite la tunique plissée et comme froissée de cette femme assise. Il y a là une comparaison à faire avec les terres cuites de Tanagra qui sont du 4e ou même du 3e siècle.

Projection. — Dans la seconde coupe du Louvre représentant aussi une Muse debout, je vous ai fait remarquer la présence d'un petit accessoire jeté négligemment dans un coin de la composition, une sorte de buisson. C'est comme un bout de paysage, une vision sur la nature et sur la campagne qui donne un accent nouveau à la représentation. Enfin la figure de trois quarts faite dans la manière de cette époque, nous conduit de plus en plus vers les recherches des peintres dans l'étude des raccourcis.

Projection. — Prenons maintenant un autre vase qui appartient au Musée de Bruxelles et qui vient de la même collection; c'est une coupe à fond blanc, publiée par M. Froehner dans le Catalogue de la Collection Van Branteghem, Pl. 42. On y voit avec la signature de l'artiste: "Hégésiboulos" la représentation d'une femme ou d'une jeune fille coiffée d'un ceryphale, ayant en somme le même costume que l'Aphrodite que je vous ai montrée dans une leçon précédente, mais qui est occupée à un jeu très-familier: elle joue au sabot; elle tient un fouet à lanier d'une main, et elle est en train de faire tourner son sabot. C'est là un petit renseignement assez curieux sur les jeux des enfants et des jeunes filles au 5e siècle. Cet instrument était parfaitement connu dans l'antiquité, et je n'ai peut-être pas besoin de vous rappeler les vers célèbres de Virgile, dans l'Énéide, Livre VII vers 378 dans lesquels, pour caractériser la folie furieuse de la Reine Amata tourmentée par les Furies, il la compare à un sabot d'enfant frappé par des lanières et tournant avec rapidité.

" — Les enfants sont occupés à travers les
" grands atriums des maisons à faire voltiger,
" sous les coups des lanières, le sabot qui tourne"

Il y a deux mots en grec pour caractériser ce jouet : c'est strombos et bembix. Un lexicographe d'époque romaine, Suidas, le décrit comme un ustensile en bois tout à fait semblable à celui dont on se sert maintenant : " un sten-
" tile, un jouet de bois que les enfants font tourner avec
" un fouet."

Il semble un peu bizarre, au premier abord, de voir cette jeune femme occupée à un jeu si puéril, mais comme je vous l'ai dit, les jeunes filles vivaient dans un état d'éducation très enfantine jusqu'à l'époque de leur mariage. Nous voyons des jeunes filles consacrer leur temps, non seulement à leur toilette, mais aussi au jeu d'osselets et autres analogues. Il est donc probable que les jeunes filles, dans l'intérieur du gynécée, ne s'abstenaient pas de ces jeux enfantins.

Mais il y a aussi une autre explication. Je vous renvoie, en attendant que paraisse l'article "Turbo" du Dictionnaire des Antiquités de M. Saglio, à un article "Rhombus", mot latin dérivé du mot strombos, le Rhombus n'est pas tout à fait le sabot ; c'est ce que nous appellerions aujourd'hui presque "le diabolo", mais un diabolo que l'on faisait tourner d'une autre façon qu'aujourd'hui. Les enfants de nos écoles s'amusent à prendre un bouton percé à y passer un fil double et à le faire tourner, à le faire ronfler. Le rhombus et le strombos étaient, dans l'antiquité, un jouet analogue que l'on suspendait à une ficelle et que l'on faisait aller et venir de façon à lui faire rendre un certain son ronflant.

Ces jouets étaient en même temps des oracles et généralement des oracles d'amour : on consultait le sort sur la tendresse de la personne que l'on aimait ou sur son avenir au moyen de ces jouets enfantins. Nous avons là-dessus des textes d'auteurs que vous trouverez réunis en particulier dans un livre intéressant de M. Bec de Fouquières intitulé "Les Jeux des Grecs". On a trouvé dans des temples des ex-voto de ce genre. Vous verrez dans la Salle L de la Galerie Céramique un exemplaire de ces sabots en terre cuite qui ont été trouvés au Kabirion de Thèbes. Ce sont donc des ex-voto ayant un caractère religieux et non pas seulement des jouets.

Les trois corps dont je viens de vous parler forment comme un lien, une transition avec le groupe précédent.

elles représentent des personnages isolés avec des détails pittoresques et des éléments qui leur donnent une physionomie un peu nouvelle, mais qui restent tout de même dans le système de composition étudié précédemment.

Projection. — Je vais maintenant vous présenter une coupe d'un tout autre caractère beaucoup plus important, et qui vous montrera ce que j'ai appelé le caractère ionien, le caractère du décor pittoresque introduit dans la peinture, élément tout à fait nouveau à cette époque. C'est une coupe qui était également dans la collection Van Branteghem et qui a été achetée par le Musée Britannique. J'ai assisté à cette vente ; nous n'avons pas pu avoir le vase qui a atteint la somme énorme de plus de 10 000 fs. C'est dire l'importance que prennent maintenant, dans les collections, les peintures de ce genre. Elle a été publiée par Mr Murray dans les White Athenian Vases, Pl. 16.

C'est un document que l'on peut considérer comme unique dans l'histoire céramique. Nous sommes dans l'intérieur d'un tombeau à coupole ; à gauche, un éphèbe tenant une lance à la main, agenouillé sur un terrain qui forme comme une espèce de cailloutis, semble diriger sa lance sur deux serpents qui sont placés dans le bas de la projection. Devant lui est accroupi un enfant dans une attitude singulière sur laquelle je reviendrai tout à l'heure. C'est une sorte de scène familière à la fois et pittoresque que nous avons sous les yeux, et c'est aussi un sujet mythologique. Nous avons, en effet, par bonheur l'explication de ce curieux sujet dans un texte d'Appolodore, Bibliothèque, livre 3, chap. 2, et dans une fable, n° 136 d'Hygin, fabuliste à qui Lafontaine et d'autres ont emprunté certains sujets.

Voici l'explication de cet épisode : Un jour, Glaucos, fils du roi Minos, jouant à la balle, d'après les uns, ou poursuivant une mouche, d'après les autres, tombe la tête la première dans un tonneau de mélasse ou de miel où il se noie. Personne ne sachant ce qu'il était devenu et les recherches les plus actives étant restées infructueuses, le roi Minos désolé fit venir un devin célèbre, le devin Polyeidos qui, en effet, retrouva le corps de l'enfant à la suite de manœuvres et d'invocations empruntées à son art, aidé par une chouette qui vint se percher précisément sur le tonneau qui contenait le corps de l'enfant. On retira le corps de l'enfant mort, mais malgré tous ses efforts, le devin ne put pas le rappeler à la vie. Minos furieux, voulant qu'on lui rendît son fils vivant, fit enfermer dans un tombeau le devin avec le corps inanimé de l'enfant en lui disant qu'il n'en sortirait que quand il aurait rendu son fils à l'existence. Polyeidos est donc enfermé dans l'intérieur du tombeau et, pendant qu'il cherchait les moyens de se tirer d'affaire, il fut témoin d'un fait étrange : un serpent sortit d'une des fissures du caveau, s'approcha du cadavre, mais de peur que le corps de l'enfant ne fût mordu, le devin tua le reptile d'un coup de pierre. Nous avons ici une variante : sur le vase, il tient une lance dans sa main au lieu d'une pierre, mais c'est un détail peu important. Alors un autre serpent apparut, tenant dans sa gueule une herbe qu'il déposa sur le serpent mort, et à la très grande surprise de Polyeidos, le reptile mort releva la tête au premier contact de cette plante merveilleuse. Aussitôt, Polyeidos comprit qu'il était aidé dans son embarras par les Dieux ; il s'empara de l'herbe, la mit sur la poitrine de l'enfant mort et eut la joie de le voir revenir à la vie.

Cet incident de la résurrection de Glaucos qui n'était pas facile à indiquer est marquée ici par un petit détail : l'enfant a déjà les yeux ouverts, et son attitude accroupie nous montre l'état de Momie dans lequel on l'avait trouvé dans le tonneau de miel où il était tombé.

Plusieurs archéologues pensent, avec raison, je crois, que cette anecdote curieuse de l'antiquité est fondée sur une légende ancienne. Nous savons, en effet, que Glaucos de Crète, fils de Minos, passait pour un devin célèbre et l'histoire d'Hygin ou d'Apollodore ajoute, en effet, que Minos ne laissa pas partir le devin Polyeidos avant qu'il ait appris son art à Glaucos. C'est sans doute l'enfance de ce devin célèbre que l'on a voulu raconter, et à laquelle on a voulu mêler des épisodes merveilleux. Rappelez-vous l'enfance de Servius-Tullius, avec la flamme qui entoure sa tête, etc...

Il y a dans l'attitude de l'enfant un détail particulier noté par Mr Brückner dans un article du Jarbuch 1891 p. 200 : Nous aurions là, d'après lui, le souvenir d'une très ancienne coutume d'ensevelissement et de momification dans le miel. L'attitude accroupie rappelle aussi l'attitude de certaines statues égyptiennes.

Étant données les relations très intimes et très étroites qu'il y avait dans les temps anciens entre la Crète et l'Égypte, peut-être connaissait-on une représentation crétoise du corps de Glaucos ainsi momifié et accroupi, qui aurait servi ensuite à des interprétations ingénieuses, subtiles et amusantes des Grecs. Je vous ai déjà cité plusieurs exemples de cette genèse que Mr Clermont Ganneau a étudiée sous le nom de mythologie optique.

Nous avons là aussi un document extrêmement précieux pour les renseignements qu'il nous donne sur l'existence, à l'époque grecque classique, de ces tombeaux à coupole qui évidemment étaient restés dans le souvenir et dans la mémoire des hommes du temps comme des constructions héroïques et légendaires. Je vous renvoie, à ce sujet à un article paru dans les Archeologische Epigraphische Mittheilungen aus Oesterreich, Tome 17, 1894, sous la signature de M. Zingerle. M. Zingerle s'est servi justement de cette coupe de Sotadès pour montrer que le souvenir de ces tombes à coupole n'avait pas complètement disparu au 5e siècle et nous en avons des preuves, non seulement par les monuments, mais par les textes. Rappelez-vous le fameux épisode de l'Antigone de Sophocle, lorsque Créon fait enfermer la fiancée de son fils dans une prison de pierre qu'on ferme derrière elle. Le poète a probablement utilisé les croyances populaires où les tombeaux à coupole qui depuis longtemps étaient violés, vidés mais qui étaient encore visibles à cette époque, à l'état de ruine. — De même, à l'époque romaine, dans les descriptions de Pausanias (IX, 36, 37, 38) ces constructions anciennes étaient parfaitement connues aussi à l'état de ruines et on y voyait des trésors. C'est de là que le mot a passé dans notre langue. On pensait que ces constructions funéraires d'Argos et de Mycènes avaient recélé des trésors. On disait le trésor d'Atrée, le trésor d'Agamemnon. Nous avons donc dans la coupe de Sotadès la preuve que ces tombeaux à coupole dans la Grèce classique étaient considérés comme des espèces de monuments historiques dans lesquels se passèrent des évènements très-anciens.

  Notons que la coupe porte des inscriptions. Les noms des personnages sont écrits en petites lettres très-fines : Polyeidos, Glaucos, et dans la partie supérieure de la coupole, le mot incomplet ....adès ; le reste de l'inscription a disparu mais elle est facile à reconstituer d'après les autres vases de la même série : Sotadès époiésen.

  Une autre particularité que l'on remarque quand on examine l'original ou la planche de M. Froehner, c'est que l'artiste a essayé de modeler les formes du tumulus ; il y a dans la partie droite supérieure du tumulus l'indication de certains traits parallèles semblables à ceux que je vous ai déjà montrés sur plusieurs peintures de vases et qui sont destinés à montrer qu'il s'agit d'une surface convexe. Je vous ai déjà parlé plusieurs fois de ces essais si intéressants des dessinateurs du 5e siècle pour arriver au relief, pour donner au moyen des hachures et d'ombres le relief des objets.

Projection.   Une autre coupe appartenant à la même collection et malheureusement moins bien conservée a été également achetée par le Musée Britannique pour la somme de 3.500 Francs. Elle est cataloguée par M. Cecil Smith dans le Catalogue des Vases du Musée Britannique sous le n° D 6. Elle a été aussi publié par Mr Froehner dans le même Catalogue Pl. 39. Cette coupe est très endommagée, mais heureusement a laissé subsister une charmante figure de jeune fille tenant de la main gauche un pli de son vêtement et tendant la main droite pour cueillir des fruits sur un arbrisseau. Nous avons là une véritable étude paysage. Je ne crois pas qu'il s'agisse simplement d'un sujet de genre : une jeune fille cueillant des fruits. Je crois qu'il s'agit d'un sujet mythologique connu, représenté assez souvent sur les vases, mais traduit ici avec une élégance toute pittoresque, avec un sentiment du paysage qui n'est pas fréquent dans les œuvres classiques du 5e siècle. Je crois qu'il s'agit du fameux Jardin des Hespérides.

Ce qui confirme encore cette interprétation, c'est que tout récemment on a trouvé des ex-voto de terre cuite d'un style assez ancien du commencement du 5e siècle trouvés dans le Sanctuaire de la Ville de Locres (Italie Méridionale) publié par Mr Orsi, Directeur du Musée de Syracuse dans le Bulletin d'Art du Ministère de l'Instruction publique en Italie, Décembre 1909 p. 31. M. Orsi a très bien expliqué que ce sont des ex-voto déposés dans un temple et représentant par conséquent des sujets religieux. On y voit, entre autres, une carpologia, c'est à dire une cueillette de fruits par deux femmes. Certainement il ne s'agit pas d'une scène familière et ordinaire, mais de la cueillette des fruits destinés aux divinités elles-mêmes.

Rappelez-vous la belle légende du Walhalla germanique, des pommes de Freia destinées aux Dieux et de l'épisode représenté dans un des plus beaux drames de Wagner où la déesse étant enlevée par les Géants, et leur nourriture manquant aux Dieux, ils se sentent frappés soudain d'une sorte de vieillesse et de décrépitude. Il y a sans doute, dans l'histoire grecque des Hespérides une légende analogue, une histoire semblable à celle qui se place au début de la genèse religieuse de tant de peuples: c'est le Paradis, c'est l'arbre du Paradis, non pas ici l'arbre de la Science du Bien et du Mal, mais l'arbre qui produit les fruits merveilleux dont se nourrissent les Dieux ; ce sont les fruits qu'Hercule avait été

chargé d'aller chercher par son frère Eurysthée.
  Nous avons donc là une représentation du Jardin des Hespérides avec la cueillette des fruits par les nymphes chargées de garder l'arbre merveilleux.
  A droite, on lit une inscription incomplète ....aro... qui semble plutôt être le nom de la jeune fille que le reste d'une signature d'artiste. A gauche, le nom de Mélissé, nom de femme qui s'appliquerait très bien à une Hespéride. La peinture est extrêmement endommagée, et j'ajouterai même qu'il ne faut pas beaucoup se fier à la silhouette qui se présente ici : elle se présente sous un aspect d'élégance et d'élancement des formes tout à fait inusité, je crois que cela tient surtout à la restauration qui est encore visible dans la partie gauche du corps. Les coupes de la Collection Van Branteghem ont malheureusement passé entre les mains de réparateurs qui les ont fortement retouchées. Ainsi, sur la coupe précédente, le tumulus est surmonté d'un petit trépied qui me paraît tout à fait mauvais ; il ne ressemble pas du tout aux trépieds du 5ᵉ siècle, et je suis persuadé que c'est une restauration, quoique cependant ces restaurations n'aient pas été indiquées dans le Catalogue des Vases du Musée Britannique. Ici, il est très visible que la silhouette de la femme a été déformée par la restauration faite dans le côté droit du corps.

Projection.   Nous avons heureusement au Musée Britannique un autre fragment de vase qui a échappé au vandalisme des réparateurs d'antiquités ; c'est un très beau fragment de vase représentant la lutte de Cadmus contre le dragon de Thèbes ; d'autres archéologues l'interprètent comme le sujet d'Hippomédon attaquant le Dragon de Thèbes et défendant l'enfant Archémoros. Ce sont deux légendes différentes mais se rapportant l'une et l'autre au meurtre du dragon chargé de garder le sanctuaire de Thèbes. Ce fragment de coupe a été publié aussi par Mr. Froehner, Pl. 40 et catalogué par Mr. Cécil Smith sous le n°. D.7. Nous retrouverons encore ici le même goût du pittoresque dans la touffe de roseaux si bien exécutée dans laquelle le serpent s'est réfugié et d'où il darde sa gueule enflammée contre le héros qui l'attaque, dans le costume pittoresque de l'homme placé à gauche. Tout cela donne à cette composition un caractère tout à fait différent de celui que nous avons admiré dans les fragments de l'Acropole ou dans la Coupe de Berlin. C'est un art tout différent et qui incline vers un système de proportions toutes nouvelles et en même temps vers l'amour de la nature. C'est une révolution qui s'annonce dans l'art grec de cette époque. Je vous ai fait remarquer aussi dans ce fragment un détail que nous avons longuement étudié et qui est tout à fait remarquable, c'est l'emploi des hachures et des ombres pour indiquer la façon dont la draperie est placée sur le bras du personnage et forme des plis curvilignes indiquant la saillie des formes.

Projection — Dans cette projection vous verrez avec plus de détail cette indication. C'est une figure extraite de l'ouvrage de Mr Froehner et que j'ai publiée dans mon article des monuments Piot, Tome 2, p. 47. J'avais été très frappé du caractère nouveau de l'exécution de cette draperie et en particulier de la lumière qui semble se placer sur la partie du vêtement entourant le bras du personnage, mais ayant eu quelque inquiétude sur les restaurations qu'avait pu subir le vase, j'avais écrit au Conservateur du Musée Britannique pour lui demander s'il n'y avait pas eu de restauration dans ce fragment. Il m'a écrit que vérification faite, il n'y avait certainement aucune espèce de restauration dans le personnage, mais que le coup de jour dont je lui parle cette lumière n'était en réalité que des traits manquants c'est une détérioration, un accident qui s'est produit et qui n'est dû qu'au hasard. Il faut, par la pensée rétablir les traits qui se poursuivent sur la draperie toute entière. Malgré cela, vous voyez que nous avons là une indication de dessin tout à fait nouvelle, très différente de ce que nous avons vu précédemment ; ce sont de véritables hachures parallèles et curvilignes qui sont faites pour montrer la convexité du vêtement placé sur le bras du personnage.

En réunissant cette observation à celle que nous avons faite sur le tumulus de l'autre coupe, celles aussi que nous avons faites sur des coupes de Brygos et sur des vases du même temps, nous arrivons toujours à la même conclusion : Là est le point de départ de la grande découverte que les anciens ont mise sous le nom du peintre Apollodore celui qu'ils ont appelé le Skiagraphos le faiseur d'ombres et qui a pris son importance complète à la fin du 5e siècle et au commencement du 4e. Mais, comme toujours, cette grande révolution qui devait marquer une ère nouvelle dans l'histoire de la peinture et du dessin a été préparée par de longues recherches antérieures dont nous avons la preuve et les vestiges sur les vases peints. Cette question est d'autant plus importante qu'elle conduit non-seulement à une façon nouvelle de dessiner, mais à une façon nouvelle de peindre.

Je vous ai montré des lécythes blancs, d'un assez mauvais style d'ailleurs où l'on voit des hachures faites à coups de pinceau, c'est la couleur même qui a été employée pour zébrer, en quelque sorte la surface des corps ou des vêtements, et pour obtenir des surfaces tournantes. C'est non-seulement une grande nouveauté dans l'art attique, mais c'est presque aussi une nouveauté dans l'art moderne.

Tout ce que nous voyons actuellement dans l'art des peintres qu'on appelle impressionnistes, indique le même effort pour introduire dans la peinture moderne ce qu'on était habitué à faire seulement par le dessin, des taches, des zébrures, des hachures accentuant les parties tournantes des surfaces.

Voici, du reste un petit extrait que je vous demande la permission de vous lire, dû à un des archéologues les plus délicats de notre temps, Mr Lechat. Dans un article de la revue des Études grecques de 1897, p. 374, rendant compte d'une étude de Mr Gusman, il parle des hachures et des zébrures de couleur qui apparaissent dans les peintures de Pompéi. J'ajouterai que nous avons ici au Musée du Louvre une acquisition relativement récente que vous pourrez regarder dans la Salle des Fresques de Pompéi et qui représente un jeune Satyre ailé. Si vous regardez avec attention cette peinture de Bosco Reale, vous y verrez des hachures en couleur "à la Besnard" qui sont chargées d'exprimer sur le bras du personnage, des effets tout à fait analogues à ceux que nous voyons sur certains lécythes attiques.

Voici ce que dit Mr Lechat sur ce genre de technique:
" Le plus étonnant, c'est que Mr Gusman (l'auteur du livre
" qu'il analyse,) a constaté chez quelques uns des peintres pompé-
" iens l'emploi de procédés analogues à ceux de l'impressionnisme
" de l'illusionnisme et du pointillisme contemporain, et l'on ne doit
" pas supposer que Mr Gusman ait mal vu, puisque Mr Wickoff
" a vu les mêmes choses et les a notées dans sa préface à la Genèse
" de Vienne, 1895. La découverte est curieuse. On a beau savoir
" que les Anciens ne sont pas ce qu'un vain peuple pense et qu'il
" faut s'attendre à tout de leur part, on reste pourtant un
" peu interloqué d'apprendre qu'il n'est pas déraisonnable, à pro-
" pos de certaines peintures de Pompéi de citer telle ou telle
" toile du legs Caillebotte, et d'évoquer dans sa mémoire les
" petites hachures bleues, vertes et rouges des tableaux de Mr
" Henri Martin. Il est piquant de constater que ces pauvres anciens,

" tellement vieux par définition, ont été parfois plus modernes
" que ne furent les modernes eux-mêmes jusqu'à ces dernières
" années."

M. Lechat a raison ; rien de plus ancien que ce prolongement à travers le temps : on recrée souvent des formules et des procédés techniques que les anciens avaient parfaitement connus et qui s'étaient perdus dans la suite des âges.

Voilà ce que je voulais vous dire sur ces coupes à fond blanc du second groupe. Vous voyez qu'il y a là une tendance nouvelle qui se manifeste dans l'art attique, peut-être, comme je l'ai dit, avec un peu trop d'esprit, un peu trop de recherche du joli et du piquant, mais avec une vision des choses qui se rapproche davantage de ce que nous aimons, et avec des procédés techniques qui nous sont devenus familiers dans l'art moderne. C'est pour cela que ces documents sont tout à fait importants à noter.

Projection.

Je voudrais pour terminer vous donner très rapidement une idée des autres formes de vases sur lesquels on a employé la technique à fond blanc, mais d'une façon isolée et exceptionnelle. Citons en particulier, un vase, le plus important, un grand cratère à fond blanc qui se trouve au Musée du Vatican et qui a été publié par M.M. Rayet et Collignon dans leur "Céramique Grecque" p. 233. C'est un vase unique en son genre, d'une très-belle forme, la forme usitée au 5ᵉ siècle pour les figures rouges. Mais on a revêtu la panse d'un enduit blanc par-dessus lequel on a tracé des personnages à la façon des coupes à fond blanc que nous venons d'étudier. Le sujet représente Hermès apportant le jeune Bacchus au vieux Silène assis sur un rocher etc., entouré des nymphes de Nysa chargées de l'éducation du jeune Dieu. C'est un sujet classique qui va devenir de plus en plus important puisqu'il a passé dans la sculpture avec l'Hermès de Praxitèle. Il est traité ici sous une forme pittoresque : le rocher sur lequel est installé le vieux Silène rappelle ces rochers dont on se sert si fréquemment dans la plastique des terres cuites et en particulier dans les figurines de Tanagre. Ainsi nous voyons toujours se produire ce phénomène sur lequel je n'ai plus besoin d'insister : l'avance de la peinture sur la sculpture.

Projection.

Nous avons également au Louvre, salle Œ, sous le n° 249, de très beaux fragments de vases, malheureusement mutilés, qui viennent peut-être d'un skyphos ou d'un canthare. On y voit une très belle figure représentée ici d'après l'original. C'est un Dionysos qui dans un mouvement superbe, déchire en deux un chevreau, épisode des bacchanales antiques qui a été souligné et caractérisé dans la fameuse tragédie d'Euripide:

"Les Bacchantes", et dans lequel, sous l'empire d'une sorte de folie furieuse, les Bacchants et Bacchantes déchirent des animaux et s'en repaissent bestialement.

Il y a là une très belle figure de Dionysos, encore archaïque comme vous le voyez par la structure de l'œil, revêtu de ce costume en brun sombre rehaussé de petits traits blancs que nous avons observés souvent dans la technique des vases que nous venons d'étudier.

Projection.   L'autre fragment faisant partie du même vase est le personnage placé à gauche du dieu; c'est une très belle figure de Silène, malheureusement un peu effacé; mais je crois que vous serez sensibles à la beauté de ce dessin qui représente le personnage vu de dos, le visage se retournant à moitié caché par l'épaule. Il y a là des arrière-plans, des raccourcis qui montrent la force d'un art arrivé à son suprême développement. Ce ne sont que des fragments, des morceaux, mais des morceaux superbes.

Projection.   L'autre côté du même vase est d'une exécution un peu inférieure, il représente une scène de gynécée, deux femmes à la toilette dont l'une tient un miroir.

Nous rentrons tout à fait dans les scènes des lécythes que nous avons précédemment étudiés.

Projection.   Je vous recommande aussi de regarder dans notre Salle L, une pyxis également exécutée à fond blanc qui a été rapportée au Louvre par Mr. Albert Dumont et publiée dans les Monuments de l'Association des Études grecques de 1878. Elle est répétée aussi dans le tome 2 des Céramiques de la Grèce propre, Pl. A. Cette pyxis bien conservée, représente un sujet ancien, mais transformé par l'art ionisant dont je viens de vous parler: c'est l'épisode de Persée venant tuer la Gorgone. La Gorgone est couchée nonchalamment sur une sorte de tertre, et près d'elle, on voit un arbrisseau; c'est toujours cette même préoccupation du paysage qui caractérise les œuvres de ce temps. Près d'elle s'approche une autre de ses sœurs, une Gorgone ailée; par ce qui reste, on peut juger que le peintre a cherché à adoucir le type affreux et grimaçant de la Gorgone: le nez est un peu camus, un peu épaté, mais la figure elle-même n'a pas la laideur horrible des œuvres du 6e siècle. De l'autre côté, dans une partie malheureusement endommagée, on voit Persée qui a l'air de gravir une montagne. L'artiste a cherché à exprimer que tout cela se passe non seulement en plein air, mais dans une sorte de site montagneux. Mr. Dumont note même certains détails qui ne sont plus très visibles sur l'original, des points dorés qui ont l'air d'entourer le héros. Il croit qu'il y avait là une espèce de pluie d'or qui retombait sur Persée et qui devait le rendre invisible de façon à assurer le succès de son exploit. Derrière lui, trois divinités : Hermès, Athéné et Poseidon qui sont placés là comme des assistants et qui encouragent le héros dans son aventureuse expédition. Un point sur lequel j'insisterai, c'est le type de la déesse Athéné qui est encore représentée ici sous une forme familière et tout à fait jeune ; elle n'a pas de casque sur la tête, elle a un bandeau qui ceint la chevelure et ses traits sont ceux d'une toute jeune fille. Nous avons là encore la preuve de ces recherches si particulières et si voulues pour traduire si extrême jeunesse dans les figures de divinités.

Projection.   Je vous montrerai encore pour terminer une pyxis à fond blanc du Musée d'Athènes qui est très belle et qui représente, sous une forme familière, semblable à celle des lécythes blancs, une jeune femme dans l'intérieur du gynécée, jeune femme à qui ses compagnes apportent des objets de toilette et autres menus accessoires. C'est la scène intime de l'intérieur d'un gynécée. La projection est faite d'après une photographie que j'avais faite autrefois à Athènes d'après l'original.

Projection.   Il y a également au Musée Britannique une fort jolie pyxis du même genre, représentant une scène de mariage ; elle a été publiée par Mr Murray dans les White Athenian Vases pl. 20. C'est une pyxis provenant d'Érétrie ; elle nous donne des détails très intéressants sur la cérémonie du mariage ; on y voit une femme qui marche en tête de la procession dans une gracieuse attitude, soulevant un pli de sa draperie tout à fait semblable aux jolies terres cuites ou aux bronzes du 4ᵉ siècle. Elle est suivie d'une compagne qui tient deux torches dans sa main. Il s'agit donc de l'épisode du mariage dans lequel, le soir venu, on fait la conduite de la mariée jusqu'à la demeure de son nouvel époux. Derrière, une femme appuyée sur un sceptre semble jouer un rôle considérable dans la cérémonie ; c'est peut-être une déesse, par exemple la déesse Diane plutôt qu'une assistante, car on a l'habitude dans les peintures de cette époque de mêler les dieux aux simples mortels. Elle fait une offrande sur un autel allumé, placé derrière elle.

Projection.   La suite de la projection va nous montrer le reste du défilé. Derrière l'autel, une autre femme accompagne le cortège tenant encore deux torches. Elle est suivie du joueur de flûte, un jeune homme, le garçon d'honneur comme nous dirions aujourd'hui, puis le joli groupe du jeune époux dans son costume de cérémonie, avec des bottes montant haut sur les jambes, un grand manteau, tenant à la main sa canne à forme de béquille ; c'est l'instrument de tous les élégants d'Athènes à cette époque. Il emmène doucement par la main sa jeune femme, la mariée qui marche collée derrière lui. La procession est terminée par une autre femme avec un sceptre, peut-être la mère de l'épousée. C'est une très-jolie composition exécutée dans la technique et dans le style que nous avons vus sur les autres vases à fond blanc.

En somme, tous ces tableautins conviennent déjà à une fabrication de vases qui incline de plus en plus vers les sujets familiers, vers les sujets gracieux, et qui nous conduit insensiblement et peu à peu vers la dernière catégorie que nous n'avons pas à étudier cette année, les petits vases à jeux d'enfants et les représentations très-nombreuses à figures rouges dans lesquelles on étudie la vie de la femme et la vie de l'enfant.

Mesdames et Messieurs, j'ai maintenant achevé la démonstration que je voulais vous faire cette année avec les vases à fond blanc du 5ᵉ siècle ; j'espère vous avoir montré dans ces leçons combien était légitime l'ambition de ceux qui cherchent à reconstituer avec ces peintures, je ne dirai pas les fresques que nous avons irrémédiablement perdues, les chefs d'œuvres que nous ne retrouverons certainement jamais, mais le style, le caractère, et en maintes occasions les sujets qu'avaient traités les grands peintres. Sans vouloir rabaisser en aucune manière la valeur des autres documents dont nous disposons pour l'histoire de la peinture grecque, nous pouvons cependant, je crois, dire qu'en ce qui concerne la peinture du 5ᵉ siècle, c'est à dire la plus belle, la plus illustre de toutes, jusqu'à présent aucune catégorie de monuments autre que la peinture de vases, et en particulier celle des vases à fond blanc, ne nous permet de reconstituer aussi bien la technique et l'aspect d'ensemble de ces tableaux. Mais cette démonstration qui me paraît établie maintenant par des arguments assez probants ne devait pas nous suffire, et comme vous l'avez vu, j'ai cherché à y ajouter autre chose : un enseignement à tirer des vases sur les principes d'art, sur l'esthétique même du 5ᵉ siècle, et j'espère vous avoir montré que les vases nous apportent la confirmation éclatante de ce qui apparaissait déjà dans la sculpture du temps, je veux dire qu'en somme l'esthétique des deux ou trois générations d'hommes qui ont vu la première moitié ou les deux tiers du 5ᵉ siècle, ceux qui ont vu les Guerres Médiques et la Guerre du Péloponèse ; cette esthétique ne représente par l'art grec tout entier ; c'en est la partie la plus célèbre, la plus haute, la plus admirée, mais "c'est un moment" dans la vie de la Société grecque, c'est un moment qui correspond à un état d'esprit à des mœurs, à des idées sociales et religieuses abondamment illustrées non-seulement par la peinture de vases, mais par la littérature, par la sculpture, par tout l'ensemble des œuvres magnifiques du 5ᵉ siècle mais qui ne dure pas et qui ne pouvait pas durer.

Il y a là une loi qui agit sur l'art grec comme elle agit sur l'art de tous les temps : c'est une évolution qui emporte l'art grec vers d'autres fins, d'autres aspirations, parfois même contradires et hostiles à celles du 5ᵉ siècle. Et voici la question qui se pose. Cet art qui ignore volontairement le portrait individuel, cet art qui ignore volontairement l'étude de la vieillesse ou de la mort avec ses effets réalistes qui ont produit tant de chefs d'œuvres que nous admirons tous, cet art qui ignore volontairement le paysage et la nature dans l'immense majorité de ses productions, pourquoi cet art force-t-il notre admiration? Ce n'est certainement pas par les idées communes, par les sympathies étroites que nous pouvons avoir avec lui, puisqu'il repousse, qu'il supprime une grande partie des choses que nous aimons! — Non c'est donc que cet art a quelque chose de plus fort que nous, quelque chose qui s'impose à nous par la hauteur et par la sincérité de ce qu'il représente.

Cette force, c'est qu'il représente éminemment et simplement la vie; il est sincère, absolument sincère. Ce n'est pas de l'art qui, comme dans les périodes que l'on peut justement appeler les périodes de décadence, cherche à créer des choses nouvelles, qui veut avant tout faire du nouveau, qui se guinde et se hausse vers l'idée du beau; cette idée du beau lui est naturelle, elle est spontanée. Je ne crois pas que jamais Phidias ni Polygnote, ni aucun des artistes de cette envergure, se soient préoccupés, autant que nos artistes modernes, de faire du nouveau; ce qui éclate de leurs œuvres, ce qui jaillit naturellement de leurs cerveaux, c'est l'idée de rendre exactement la vie et la pensée de la Grèce et de bien la comprendre. Admirable enseignement que le leur. C'est la vie des hommes du 5ᵉ siècle que nous avons sous les yeux, cette vie, je le répète, étroite, particulière, dans laquelle l'homme seul est intéressant, où la beauté humaine occupe seule les artistes, où elle est pour eux le commencement et la fin de tout, l'Alpha et l'Oméga. Époque unique qui frappe encore aujourd'hui d'admiration l'humanité moderne et qui lui plaît entre toutes parce qu'elle est la plus grande apothéose de l'humanité elle-même.

Cet art est uniquement produit par les mœurs et par les idées du temps; il voit les dieux comme des hommes, les hommes comme des dieux, mais cela encore une fois, ce n'est pas l'art grec de tous les âges, c'est l'art grec du 5ᵉ siècle, et le jour où cet art tend à la décadence c'est quand il ne croit plus à ses dieux, alors interviennent des formules, des traditions, des motifs tout faits qu'on cherche à reproduire; mais ce n'est plus cette sincérité, cette conviction admirable que nous voyons dans les œuvres du 5ᵉ siècle. L'âme des artistes semble alors errer autour d'un Paradis perdu dans lequel ils ne pénétreront plus jamais. Il y a eu là un moment unique qui n'est pas seulement produit par la force d'esprit, par le génie des artistes mais par la Grèce toute entière; ce n'est pas seulement un moment dans l'histoire de l'humanité, mais c'est un moment dans l'histoire de la Grèce elle-même.

Reconnaissons-le donc sans ambages, ce sont des œuvres pour nous très-difficiles à pénétrer et à comprendre, et pour l'en les connaître, pour bien se donner l'éducation nécessaire à cette initiation, que faut-il faire ? Je voudrais vous convaincre ici d'une autre vérité : c'est que pour les comprendre et les goûter, il faut surtout regarder les monuments. Ce que je vous dis a l'air d'une truisme, d'une vérité trop évidente, et pourtant je suis obligé de le dire parce qu'en archéologie nous courons un grand danger : Les facilités de reproduction, les ouvrages imprimés nous rendent très-paresseux, on ne voit plus l'art et on ne travaille plus l'art que dans des livres, sur des images et des photographies. Heureusement par mon métier, je me suis plus protégé que d'autres contre ce danger, mais combien pourrait-on citer d'archéologues qui ne regardent jamais les œuvres d'art autrement ! C'est une très-grosse faute ; il faut étudier l'art sur les objets, et c'est là que nous pourrons rendre des services à l'École du Louvre en vous apprenant, je dirai presque en vous forçant à regarder les monuments. Je le dis franchement ; toutes les leçons que je fais ici et toutes les notes que vous pouvez prendre, ne vous serviront absolument à rien, si vous n'y joignez pas l'étude des originaux, si vous ne complétez pas ces leçons par des visites, et non pas par une ou deux visites de temps en temps, mais par des visites très-fréquentes aux Monuments du Louvre. Rien ne peut remplacer cela. Si vous voulez connaître quelqu'un, vous contenterez-vous d'avoir sa photographie ? Vous aurez beau la regarder pendant des années, vous ne le connaîtrez pas ; réellement, il faut que vous le voyiez en chair et en os. C'est la même chose pour l'art et je le répète, j'insiste en terminant sur ce point parce qu'il y a là véritablement un danger pour tous ceux qui étudient à la façon moderne et qui perdent un peu trop le sens, le goût des monuments. Il faut y revenir.

J'espère donc que ma conclusion sur ce premier semestre vous incitera, non seulement à vous souvenir des belles choses que nous avons vues ensemble, mais surtout à regarder et à étudier nos collections.

Dans le second semestre, nous étudierons les Petits Monuments orientaux rapportés par la mission de Morgan, et en nous transportant dans les Galeries, nous aurons justement l'occasion de mettre en pratique ce que je viens de recommander : l'étude de l'antiquité d'après les monuments originaux.

G. Louis-Joseph, sténographe agréé près le Tribunal Civil.
183 Faubourg Poissonnière.

www.ingramcontent.com/pod-product-compliance
Lightning Source LLC
Chambersburg PA
CBHW030113230526
45471CB00003B/1395